献给我的侄女莉齐。

——汉娜·威尔逊

著作权合同登记号：图字13-2024-035号

图书在版编目（CIP）数据

小孩也会有烦恼 ： 儿童心理健康成长指南 / （英）
汉娜•威尔逊文 ； （英） 萨玛拉•哈迪图 ； 漆仰平译.
福州 ： 福建少年儿童出版社， 2024. 7. -- ISBN 978-7
-5395-8704-2

Ⅰ. G444-62

中国国家版本馆CIP数据核字第2024K4H550号

XIAOHAI YE HUI YOU FANNAO ERTONG XINLI JIANKANG CHENGZHANG ZHINAN

小孩也会有烦恼：儿童心理健康成长指南

著　　者：[英] 汉娜·威尔逊　文　[英] 萨玛拉·哈迪　图　漆仰平　译
出 版 人：陈远
出版发行：福建少年儿童出版社
社　　址：福州市东水路76号17层（邮编：350001）
选题策划：洛克博克
责任编辑：邓涛
美术设计：耿园园
电　　话：010-53606116（发行部）
印　　刷：北京华联印刷有限公司
开　　本：787毫米×1092毫米　1/12
印　　张：10⅔
版　　次：2024年7月第1版
印　　次：2024年7月第1次印刷
ISBN 978-7-5395-8704-2
定　　价：100.00元（全4册）

儿童心理健康成长指南 ④

[英]汉娜·威尔逊 文 [英]萨玛拉·哈迪 图 漆仰平 译

小孩也会有烦恼

海峡出版发行集团
THE STRAITS PUBLISHING & DISTRIBUTING GROUP
福建少年儿童出版社
FUJIAN CHILDREN'S PUBLISHING HOUSE

目 录

前 言

担心是在某种特定情况下产生的一种不舒服的感觉，可能是对雷雨天气感到恐惧，也可能是在医院就诊时感到紧张。人人都有担心的事，大大小小、各种各样。你可能觉得有些担心挺愚蠢，其实不然。担心是很有必要的，它会阻止我们去做一些事情。

担心是我们日常生活中的一部分，我们不可能完全摆脱它，但可以不被它所左右。面对担心，最好的处理办法是与你信任的成年人交流、沟通，在这本书里我称之为“你身边的大人”。他们可能是你的爸爸、妈妈，或者其他照顾你的人。你可以向他们倾诉所有的事情。把担心的事情描述出来并不容易，不过你一旦说出自己的感受，就会得到大人的赞许和温暖的拥抱，这种体验美妙无比。聊聊让你难熬的那些问题吧，别让担心影响快乐！

如果我怕牙齿检查，怎么办？

牙齿检查很轻松，医生只是看一看你的牙齿，你不需要做什么，也不会感到疼痛。不过，你得像打哈欠的河马一样张着大嘴，医生会用专业器械戳戳你的牙齿，这种感觉有点儿奇怪！不过医生会佩戴医用手套，安全又卫生，所以你不必担心。

如果你需要治疗，比如补牙或深层清洁牙齿，那就把你的担心和大人说一说。牙医是专业人士，他不仅能让你的牙齿健康，还能让整个过程轻松又舒服。现在，跳上座椅，像河马一样把嘴张开吧。你的牙齿很快就会恢复健康啦！

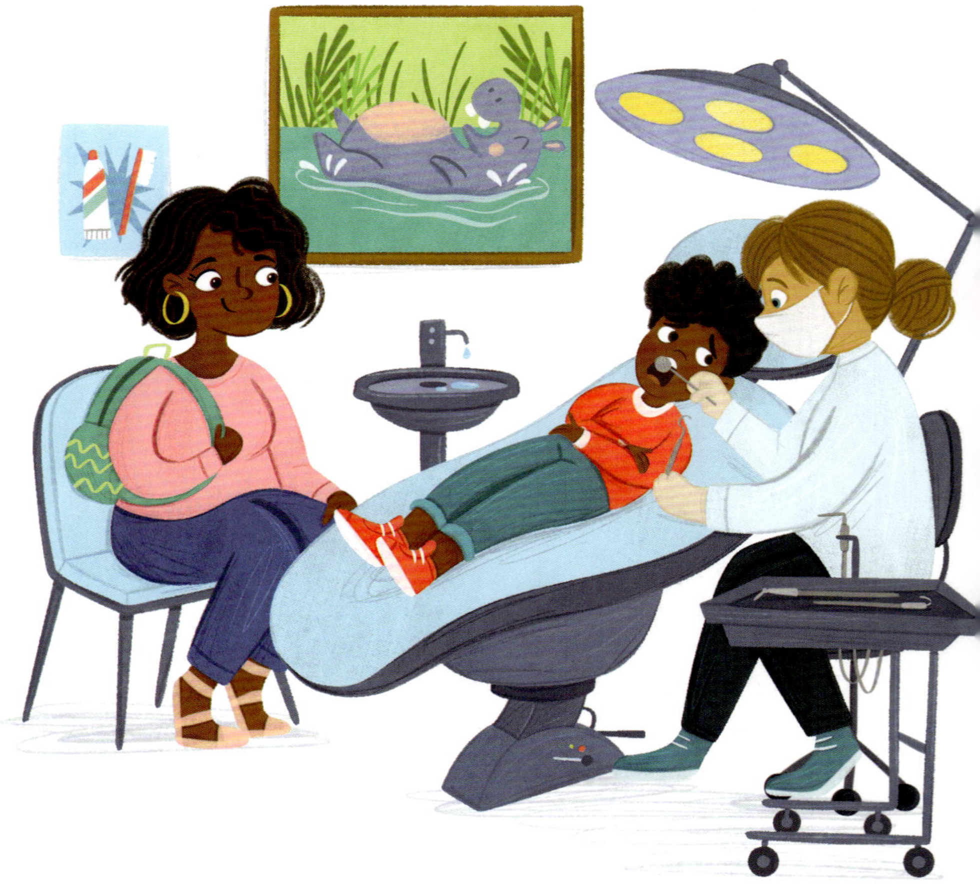

如果我偷偷吃了一颗糖，怎么办？

也许你真的特别想吃糖，但是忍住没吃？还是说，你把糖一口吞了下去，然后感觉很糟糕？不管怎样，你都可以直接和身边的大人说。他们会认为你很诚实，说不定还会表扬你呢。

香甜美味的糖果太诱人了，谁看了都想尝一尝。如果大人不在身边，你就更难拒绝了。不过大人知道你的小心思，所以你即便是吃了，大胆告诉他们就好。说不定，大人也会和你交换一个小秘密呢。不过，要记得及时清洁牙齿，口腔卫生很重要！

如果汽车或公交车很吵很颠簸，怎么办？

“嘎吱嘎吱”“隆隆砰砰”，不管是我们平常搭乘的汽车或公交车，还是旅行时乘坐的火车或飞机，在运行时总会摇摇晃晃、起起伏伏，这很正常。发动机启动时，你不必担心车辆颠簸；在气流不平稳或者路面不平时，也会发生这样的情况。为了确保安全，所有的公共交通工具都要经过多次检测才能投入使用。快坐好，系好安全带，享受你的旅程吧！

如果大人违反规定，怎么办？

我和爸爸常常去附近的公园跑步，草坪上有“请勿践踏草坪！”的标识。可我爸爸有一次为了节省时间，从草坪上走了过去。不过，爸爸知道违反规定的后果是什么，他要向公园管理员道歉。希望他以后不再犯同样的错误。

问问你的家人，他们是否知道自己的行为的后果。如果他们回答“知道”，那你就把担心扔进垃圾桶吧。大人能为自己的行为负责，你管好自己就行啦。

如果我感到愤怒，怎么办？

愤怒是正常的情绪，每个人都有。想一想：愤怒到底能给我们带来什么呢？你在某次愤怒时，说了或做了什么？你的愤怒从何而来？大喊大叫或对别人大打出手，都会对自己和他人造成伤害。怎样才能阻止愤怒发生呢？

1. 控制愤怒。我们无法完全摆脱愤怒，但可以学着去控制它。想一想：下次生气时，应该怎样平静下来？我会暂时离开，再做个深呼吸；然后，想一想刚刚发生的事情，或者找人聊一聊。

2. 理解愤怒。想一想你在生气时，身体的反应：全身发抖，脸涨得通红。这样当下一次要发脾气时，你就能更快地意识到它。想想自己生气的原因。有时，我们在心烦意乱的情况下，就会表现得焦躁不安、容易愤怒。但愤怒不利于解决问题，我们还是要尽快冷静下来，这样才能恢复思考的能力。

你有什么烦心事吗？被朋友误解了？或者考试成绩不理想？和你身边的大人或朋友聊一聊，这也许是一种释放愤怒的好办法。这样那些烦心事就不会在你心中乱撞，更不会以愤怒的形式爆发出来了——就像气泡水从瓶子里喷出一样！快告诉“愤怒”，谁才是你大脑的主人。没错，是你。控制愤怒不是一件容易的事，我们需要反复练习。所以，继续试试看吧。祝你好运！

如果我悲伤得什么都不想做，怎么办？

每个人都会被悲伤的情绪影响。这种感觉就像一团乌云缠绕着你，一点儿也不美妙。但它表明你有自己的情感态度，你是一个善良的人。如果朋友搬走了，我们会因为想念他而感到悲伤。但如果我们悲伤过度，以至于什么事都不想做，那就必须想办法了。该如何做呢？

和愤怒一样，悲伤也会在我们的内心堆积，但它不会像火山喷发一样瞬间爆发。那悲伤是怎样的感觉呢？

悲伤总是缓缓地蔓延，令人沉重、疲倦，就像一瓶过期的果酱，黏糊糊的。敞开心扉，说说你的心事，哪怕流泪也没关系。眼泪可以帮助我们释放悲伤的情绪。

然后，和你身边的大人一起想些有趣、令人放松的事吧。玩拼图或者逛商店都是不错的选择。不管你喜欢或不喜欢，都去试试看吧。

等找到好玩的事，悲伤的感觉就会慢慢消散。这并不意味着我们不再关心那些曾经令我们难过的事，只是说明我们可以和它很好地相处了。

如果朋友说我的小狗贴纸很幼稚，怎么办？

这些贴纸真可爱，你也很喜欢它们吧。如果你现在已经是一名小学生了，这也并不能说明你很幼稚，只能说明它们并不适合所有人。

很多人都喜欢玩贴纸。你朋友的话只是他的观点，仅代表他自己，这可跟2+2一定等于4不一样。

每个人都有自己的观点。有人喜欢奶酪，但有人觉得它闻起来像发霉的臭袜子。如果你喜欢你的小狗贴纸，那就继续贴吧！如果朋友再说那样的话，你可以直接告诉他，你很喜欢小狗贴纸。让他知道，你的事情由你做主！

如果我感染了细菌，怎么办？

人人都会生病。药物可以缓解疼痛，让我们恢复健康。

细菌很小，我们用肉眼通常看不见它们，数以万计的细菌挤在一起，就是我们说的菌落。并不是所有的细菌都对人体有害，有些细菌能帮助我们消化食物，吸收营养物质，让我们保持健康，远离疾病。有些细菌会让我们生病，但聪明的身体早就建立了自己的保护系统。当同一种细菌再次出现时，你的免疫系统会将它们挡在门外，维护你的健康！

如果我的同学说我坏话，怎么办？

是他们太小气，还是你们之间有什么误会？他们对你发出嘲笑声，你感到尴尬、恼怒，并且受到了伤害。把你的烦恼和身边的大人聊一聊，想想有用的对策。

对于同学说的这些话，首先要保持冷静。针对不实的信息，找机会说明清楚。你的家人或老师也可以帮你解释。之后，你还愿意和他们一起玩吗？还是说，你只是想忘掉这件事？一段时间之后，所有人都会忘记这件事。所以，不如把精力投入有趣的活动中，让这些无聊又不公平的事从脑海中消失吧！

记住，你也不要在背后说别人坏话呀！

你无法控制别人说什么、做什么，因此，专注于做个“了不起的自己”！

如果我觉得自己很丑，怎么办？

每个人的外貌都是独一无二的。有的人长着大耳朵，脸上长满小雀斑；有的人长着小鼻子，还有不对称的笑容。不管怎样，我们都不要评判别人的外貌。

想想你在街心公园里见到的小狗，你可能会喜欢那只鼻子扁扁的胖狗狗，而你身边的大人偏偏认为毛茸茸、耷拉着长耳朵的猎犬更漂亮。所以说，外貌并不重要，只是每个人的欣赏角度不同而已。

但如果那只胖狗狗总是龇牙咧嘴、汪汪乱叫，还总是追赶公园里的松鼠，脾气差到家，你还会觉得它可爱吗？人也一样。一个人的内在素养才会影响别人对他的真实评价。如果你是一个充满爱心、风趣幽默、待人体贴的孩子，你的善良一定会被大家看到，每个人都会喜欢你！

你要相信，你像彩虹和闪闪发光的雪花一样美丽。请保持笑容，让你的内在美散发光芒吧！

模拟练习

把玩具排成一排，练习对它们大声演讲。

如果我必须在全班同学面前演讲，怎么办？

演讲让很多人忐忑不安。是什么让你觉得忐忑呢？你觉得站在讲台上面对全班同学时，看起来傻乎乎的吗？还是怕在大家面前出错？你的同学可能也都有这样的担心，他们正忙着准备自己的发言呢，或者早就走神了，根本没注意到你的错误。即便你的错误被同学注意到了，只要你能继续说下去，大家就会认为你很勇敢。

走上讲台，放手一搏吧。你演讲的次数越多，表现就会越好。一场演讲结束后，你会为自己惊人的表现而骄傲的！

如果我明天考试，怎么办?

你担心考不好吗? 怎样做能让你摆脱这种担心呢? 不如拿起练习册和课本再复习一次吧! 也许你现在想在客厅打个滚儿，或想玩会儿游戏，但如果我们想要阻止“担心”在自己的大脑里乱撞，做好考前准备，会对我们有帮助。

考试前做个深呼吸，答题时要集中注意力，加油吧! 无论结果如何，你都可以为自己感到自豪，因为你已经尽力了。你是好样的!

如果朋友的成绩总是比我的好，怎么办?

每个人都有擅长的领域。你的朋友可能擅长画画，而你更擅长阅读和运动。想一想: 你在哪方面更出色呢?

我们总是忍不住和别人做比较，但如果这样的对比让我们对自己丧失了信心，那就不太好了。你已经学会了很多知识和技能，如果想更棒，就和自己比吧。把书本里的难题多做几遍，加强练习，很快，你就会觉得自己是学校的超级巨星!

如果我要去医院探望病人，怎么办？

在去医院前，你可以问问大人，探视期间应该注意些什么，你可以先提出一些你好奇的问题。比如：“他为什么会住院？”“他在接受什么治疗？”

你可能想知道他的身体怎么样了。看到自己关心的人生病，我们很容易感到不安。如果你提前知道病人会躺在病床上，还要借助医疗设备接受治疗，那么你见到他的时候就不会太惊讶。更重要的是，医院里还有专业又和蔼的医护人员，他们每天都在帮助病人恢复健康。

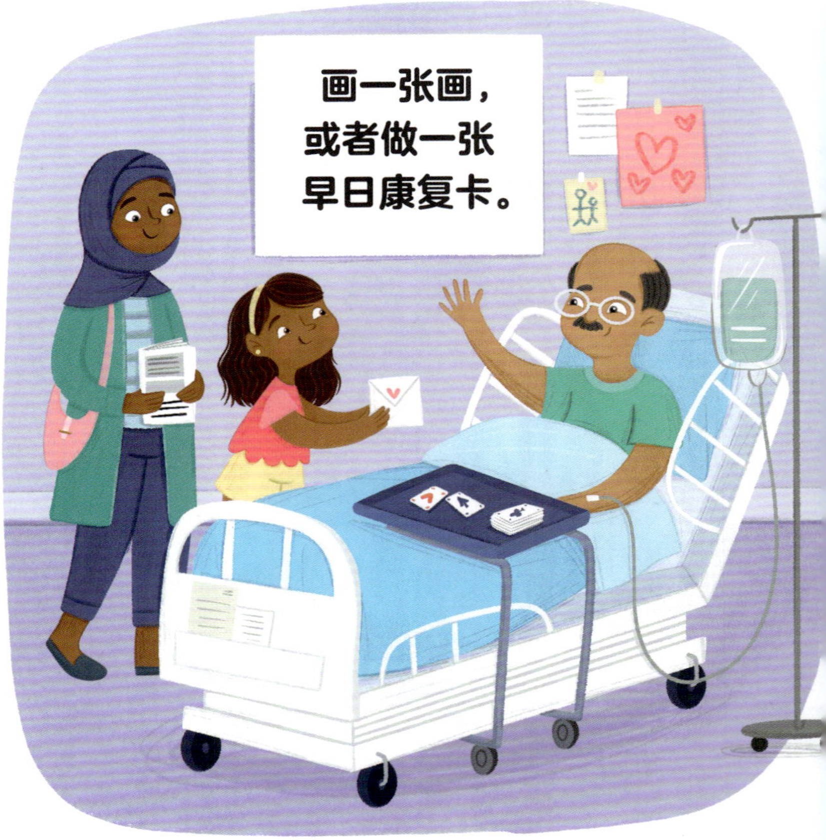

你在医院能做些什么？与病人一起跳舞不合适，但可以陪他们聊聊天。

你想去医院的咖啡厅坐坐吗？但愿那里能为你提供甜甜的热巧，还有棉花糖！

现在，你做好探视的准备了吗？你能去探望病中的亲友，他们一定会特别高兴。你是个多么有爱心的孩子呀！

如果别人看到我的隐私处，怎么办？

“隐私处”就是被你的内衣遮挡住的身体部位。这些隐私部位只有你能看、能摸。它们属于你，所以你要对它们负责。如果其他孩子在卫生间或更衣室里看见了你的隐私部位，那没有关系。另外，如果你需要去医院检查你的隐私部位，只要你的家人在身边，那也没有关系。

成年人不能随意去看、去摸你的隐私部位。同样，如果一个成年人让你去看、去摸他的隐私部位，那也是不可以的，你要果断说“不”。

如果你遇到了这些情况，尽快将其告诉你信任的大人，就算对方说这是秘密，不许告诉别人，你也要向你身边的大人坦白，因为他们可以保护你。

你可以对你的家人说任何事，哪怕是让你不舒服、尴尬的事都可以说。如果你觉得自己正在经历一件糟糕透顶的事，就算你是错的一方，也没关系。大人们会帮助你解决好问题，他们会为你的坦诚感到骄傲。

如果朋友说我的发型傻乎乎的，怎么办？

你朋友说的话一定对吗？我打包票，你的发型看起来很不错。你的朋友也许是在和你开玩笑，或者只是心情不好，说不定他这会儿正在为自己言不由衷的气话感到懊恼呢。

有时候，我们无法控制别人的态度。不过，我们怎样做才能不被别人的话语伤害呢？我会把更多的关注放在自己身上。你可以控制自己的行为，也可以控制自己的语言。如果朋友再说你的发型傻乎乎的，你可以这样回应：“我的发型棒极啦！”“我的发型傻乎乎，但我喜欢傻乎乎！”

如果小偷闯入我家，怎么办？

你睡觉前会有这样的担心吗？灯熄灭后，各种奇奇怪怪的声音会让人想入非非。我猜对了吗？你那淘气的想象力又开始工作啦！

我们用事实证明谁才能主宰黑夜。问问你的家人，你的房间是否安全。我打赌答案是肯定的。你的房间有锁，你自己去看看就知道了。然后，去找找声音的源头。是灌木丛中的小猫咪吗？还是你的家人在偷偷跳舞？嘘，我们要睡觉啦！

如果我的父母吵架了，怎么办？

争吵在日常生活中是很常见的。和你一样，你的父母有时也会大喊大叫，也会说些言不由衷的蠢话。大人的叫喊声很吓人，快回你的卧室，抱起你的泰迪熊，读上一本你喜欢的故事书。争吵一会儿就会结束的。

争吵并不意味着他们不爱彼此，也不能说明有人会离开家。等他们争吵过后，你能对他们描述你的感受吗？他们不希望你难过，所以他们会想办法不再吵下去，不再让你担心。

积极的行动，
有助于缓解焦虑。
为偏远山区的孩子捐赠
一些书本怎么样？

如果战争爆发了，怎么办？

多数战争都不是突然间爆发的。问问你身边的大人：如果爆发战争，你们可以转移到哪里？不过，大多数国家是和平、安全的，所以你不必担心。

即使你生活的地区真的爆发了战争，大人们也会提早知道，然后带你前往一个安全的地方。你看过有关战争的新闻吗？跟你身边的大人说一说你的担心。你可能需要一个大大的拥抱来安抚自己焦虑的情绪：在你的世界里，一切都很美好。

如果我担心自己很快就会死掉，怎么办？

每个人都有死去的那一天，但那一天可能在你很老很老的时候才会到来。虽然小朋友会生病，但在医生和药物的帮助下，你的身体很容易打败疾病，从病痛中恢复过来；而且，你身边的大人知道如何保护你。你为什么会想到死亡呢？你有什么担心？可以和大人聊一聊吗？放下担忧，好好享受美好的童年生活吧。

现在，系上小围裙，熬制一锅蔬菜海鲜浓汤吧。是不是很可口？没有人真的知道未来会发生什么，但我们可以自己掌控看待未来的方式。

我们应该在这锅“未来汤”里加入哪些食材呢？要加一点点儿担心吗？大到死亡，小到明天的网球比赛，我们无法忽略或摆脱这些担心。

但尽量别加入太多。担心的情绪就像辣椒一样，加太多辣椒，汤就不好喝了，而且会让你喷火的！

现在，我们向“未来汤”里加入很多很多可口的、积极的想法吧。比如，一个超酷的银发老人和她的孙子在玩冲浪，看她的冲浪板多酷啊！比如，在网球赛中尽情挥汗，乐享其中！你会往汤里放哪些幸福的调料呢？你的“未来汤”是什么味道的呢？我敢打赌，它一定好喝！

如果我没有属于自己的电脑，怎么办？

你确定你所有的朋友都有手机、笔记本电脑或平板电脑吗？我敢打赌，有些朋友也没有。不过我知道，当你看到你的朋友都在使用自己的电子设备时，你会很难过，还会有一点点儿嫉妒。

你认为有人嫉妒过你吗？你是否也拥有过某样令别人很羡慕的东西呢？如果你了解了爸爸妈妈没有给你买电子设备的原因，你也许就不再难过了。记住，他们不是吝啬，而是为你好。

如果网上的内容令我不适，怎么办？

我们通过网络把外界精彩又复杂的世界和自己的世界相连结。有时候，会有一些不适合小孩子观看的内容弹出来，比如一些令人感到奇怪、费解、尴尬或恐惧的照片、视频或其他信息。你遇到过这样的情况吗？你看到这些不妥当的内容后，是怎样做的呢？你和陌生人分享过这些内容吗？

无论你看到或者做过什么，快告诉你身边的大人。你不会有麻烦的，大人非但不会没收你的电子设备，还会为你把事情说出来感到高兴和欣慰。聊一聊这次经历带给你的感受，说一说如何安全地在网上“冲浪”。

如果有人在网上对我恶语相加，怎么办？

他们向你发送了无礼的信息，还是令人尴尬的图片？你的朋友们联合起来在网上“对付”你吗？你有什么感觉？难过？愤怒？还是孤独？

如果一个人长时间对你无礼——即便在网上也不可以——这也是欺凌。有时，网络上会出现不雅词汇。我们不要理会它们，更不要模仿它们。但如果有人利用网络危害你，那么你就要有所警惕。你可以把它告诉你身边的大人，然后制订出一个“网络安全使用”计划。你可以删除这个人，或找人跟他谈谈。如果你的电子设备被大人看管起来，那就在现实生活中寻找乐趣吧！

如果我的宠物死了我很伤心，怎么办?

听到这个消息，我真的感到遗憾。你能对你身边的大人说说你的困扰吗? 你的宠物是因为什么原因离开的? 你想对宠物医生说点儿什么吗?

“我的仓鼠小妮死了，我和我的家人特别伤心，我们没有马上收走它的笼子。我们把想对它说的话写下来，放在了它的笼子上。”即便你的宠物已经离开一段时间了，也为它举办一个告别仪式吧，我知道你们都很爱它。

你这几天的情绪像过山车一样起起伏伏，时而悲伤，时而暴躁，但总有一天，你会恢复平静。每当你回想起自己的宠物时，甜蜜幸福的感觉就会再次出现。虽然它已经离开了，但你对它的爱永远留在心里。

如果我不敢说出自己的梦想，怎么办?

无论你是谁，男孩或者女孩，你都可以试着成为任何你想成为的人，做任何你想做的事。你可以爬山、踢球、跳舞，也可以成为一名老师或科学家。不用管别人怎么想，努力去完成你的梦想吧。你会为自己的坚持感到骄傲。

如果我在超市走丢了，怎么办？

这真是一个好问题！你和你身边的大人探讨过这件事吗？如果你走丢了，应该怎么办呢？下次去超市前，提前想好答案。这样，你就知道是该待在原地，还是向店员求助，或者在某种商品售卖区碰头！

你也可以跟大人聊聊如何防止迷路。不要总让那些还未发生的事在你脑海里跳来跳去——把担心说出来，把烦恼释放掉。当你有了应对的办法，担心情绪就不会那样频繁地在你心中蹦蹦跳跳了。

如果我不想去上学，怎么办？

学习有时候挺难的，你觉得哪方面有困难？也许你身边的大人或老师可以帮你降低一些难度。但如果你觉得上学很无聊，你只能坚持下去，哪怕这是你不喜欢的事情。学习对你有益，如果你能明白其中的道理，就会爱上学习的。

上学的时候有什么开心事吗？学校餐厅的饭菜好吃吗？老师讲的故事精彩吗？把那些积极、有趣的东西放进你的口袋，再给学校一次机会。好好努力吧！

如果我要在朋友家过夜，怎么办？

哇哦，那应该很好玩！你可能会有些紧张，不过大多数人都和你一样，在陌生的地方会感到不安。

如果你非常想和朋友一起度过一个开心的夜晚，但又害怕陌生的环境，那你可以先邀请你的朋友来你家过夜，先练习成为对方的“过夜小伙伴”吧！

或者，你可以去朋友家玩上一整天。这样你会对朋友家有所了解，你的朋友会告诉你今晚你们会睡在哪间卧室。你还想知道些什么吗？比如：她的房间和你的一样吗？你们的睡觉时间一样吗？你的朋友会穿着袜子睡觉吗？不过，你很快就会熟悉这里。

去朋友家过夜前，应征询家人的意见。如果家人同意了，和他们一起假设一些问题。比如：“如果我睡不着，怎么办？”“如果我不想洗澡，怎么办？”“如果我夜里想尿尿，怎么办？”很简单，睡不着就去看书；不想洗澡就让你的朋友忍一忍你臭烘烘的小脚丫；夜里想尿尿就把你的朋友叫醒，让你的朋友陪你去。你还有什么可担忧的？

等你和朋友玩起来之后，你可能就把紧张都忘掉了。一边看电影，一边吃爆米花多开心啊！去朋友家过夜有助于帮你建立信心，你看，朋友的床也很不错！不过，去朋友家过夜也要注意安全啊！

献给罗基。

——汉娜·威尔逊

著作权合同登记号：图字13-2024-035号

图书在版编目（CIP）数据

小孩也会有烦恼 ： 儿童心理健康成长指南 / （英）汉娜•威尔逊文 ；（英）萨玛拉•哈迪图 ；漆仰平译. 福州 ： 福建少年儿童出版社，2024. 7. -- ISBN 978-7-5395-8704-2

Ⅰ. G444-62

中国国家版本馆CIP数据核字第2024K4H550号

XIAOHAI YE HUI YOU FANNAO ERTONG XINLI JIANKANG CHENGZHANG ZHINAN
小孩也会有烦恼：儿童心理健康成长指南

著　　者：[英] 汉娜·威尔逊　文　[英] 萨玛拉·哈迪　图　漆仰平　译
出 版 人：陈远
出版发行：福建少年儿童出版社
社　　址：福州市东水路76号17层（邮编：350001）
选题策划：洛克博克
责任编辑：邓涛
美术设计：耿园园
电　　话：010-53606116（发行部）
印　　刷：北京华联印刷有限公司
开　　本：787毫米×1092毫米　1/12
印　　张：10⅔
版　　次：2024年7月第1版
印　　次：2024年7月第1次印刷
ISBN 978-7-5395-8704-2
定　　价：100.00元（全4册）

儿童心理健康成长指南③

[英]汉娜·威尔逊　文　[英]萨玛拉·哈迪　图　漆仰平　译

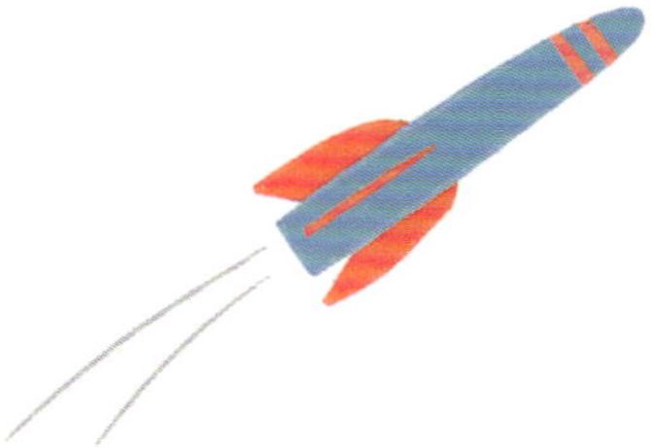

小孩也会有烦恼

海峡出版发行集团
THE STRAITS PUBLISHING & DISTRIBUTING GROUP
福建少年儿童出版社
FUJIAN CHILDREN'S PUBLISHING HOUSE

目　录

前　言

担心是在某种特定情况下产生的一种不舒服的感觉，可能是对雷雨天气感到恐惧，也可能是在医院就诊时感到紧张。人人都有担心的事，大大小小、各种各样。你可能觉得有些担心挺愚蠢，其实不然。担心是很有必要的，它会阻止我们去做一些事情。

担心是我们日常生活中的一部分，我们不可能完全摆脱它，但可以不被它所左右。面对担心，最好的处理办法是与你信任的成年人交流、沟通，在这本书里我称之为“你身边的大人”。他们可能是你的爸爸、妈妈，或者其他照顾你的人。你可以向他们倾诉所有的事情。把担心的事情描述出来并不容易，不过你一旦说出自己的感受，就会得到大人的赞许和温暖的拥抱，这种体验美妙无比。聊聊让你难熬的那些问题吧，别让担心影响快乐！

如果蜜蜂围着我飞，怎么办？

如果你不打扰蜜蜂，它通常也不会打扰你。别去捉这个小家伙。在它忙碌的时候，你静静地观察就好了。“嗡嗡嗡”是什么声音？那是蜜蜂快速扇动翅膀产生的声音。

蜜蜂要去哪里呢？如果它正落在一朵花上，你可以观察到它用针管状的口器吸取花蜜。看见蜜蜂腿上或毛绒身体上的黄色粉末了吗？那是粘在蜜蜂身体上的花粉。花粉会被蜜蜂传播到其他花蕊上，从而孕育出新的花朵！

如果朋友没有邀请我参加聚会，怎么办？

这种事情很常见，每个人都可能遇到。没受到邀请通常会让我们有点儿失落，甚至产生嫉妒，因为我们总希望能拥有别人拥有的东西。你有过这种感觉吗？如果没能参加朋友的聚会或与朋友一起出游，你会失望吗？

把这些感觉跟你身边的大人聊一聊。别去打听你没被邀请的原因，那样做无济于事。你永远得不到真正的答案，但你要相信他们并不是不喜欢你。努力让自己开心起来。什么事能让你放松下来呢？

如果我讨厌剪头发，怎么办？

拉上你身边的大人，一起写下你讨厌剪头发的理由。订个计划，逐一解决。如果你觉得剪头发无聊，那可以带本书去理发店。如果你怕剪刀，那就告诉自己，理发师都是经过培训的专业人员，他们知道该如何安全地使用剪刀。

接着再列个清单，说说理发店里好玩的事（没错，我说的是“好玩清单”）。能升降的神奇座椅、洗头时满头的泡泡、飘逸的魔法长袍，简直太不可思议了！

你还能想出哪些好玩的事情呢？

如果我不想吃学校里的饭，怎么办？

学校食堂可不是什么高级餐厅，你不可能顿顿都吃到自己喜欢的食物。哪怕你觉得学校的午餐不合自己的口味，也要努力把它吃下去，这样你的身体才能得到充足的能量。在身体发育的过程中，你的口味也会发生变化。不断去尝试各种各样的食物，有一天，那“难吃的午饭”也可能变成超级美味！

如果我听见奇怪的声音，怎么办？

让我来猜一猜，当时的你正独自坐在沙发上看书。突然传来“咯咯”“嘎吱”“嘭”的声响，你赶快蜷缩到沙发后面，像一片冰冷的叶子瑟瑟发抖！我猜对了吗？你遇到过这种情况吗？面对这些奇奇怪怪的声音，你想到用什么方法应对了吗？

深吸一口气，如果你的脑海中出现了低吼的凶猛怪物或者咆哮的坏人，那就尽快把自己拉回现实。那些声音可能来自楼道里的吵闹声，房间的窗户被风吹得“哒哒”作响，洗碗机“隆隆”工作，水管热胀冷缩时“嘎吱嘎吱”乱叫，窗外的汽车轰鸣而过，邻居的锅掉到地上，猫咪哀嚎……

动用你聪明的大脑，像侦探一样去查明声音的真正来源吧。如果想揭开真相，也可以问问你身边的大人。干得漂亮，大侦探！

如果我比朋友矮，怎么办？

教室里坐满了不同身高的孩子。不同年龄段的小朋友的生长速度是不一样的。你比朋友矮并不意味着你的生长不正常。想想看：你是不是因为和别人不一样而烦恼呢？

我们每个人都是独一无二的，身高或高或矮，肤色或深或浅，头发或卷或直。这些差异很重要吗？个子高的人就一定聪明吗？黄头发的人就不友善吗？蓝眼睛的人就一定是坏脾气吗？

拿自己与他人做比较很正常，但并没有什么意义。如果你可以忘掉身高、体重这些外在的东西，专注于内在，你的大脑就会帮你找到生活中的乐趣，做很多很酷的事情，成为一个了不起的人。

如果坡道太高太陡，怎么办？

一开始你可能会害怕，但直面恐惧才不会错过那些好玩的事情，比如挑战坡道、滑道、绳索桥、“Z”字道。慢慢来，小步走。首先，你可以站在坡顶观察一下地势；然后，让大人扶着你往下滑；接下来，你能试着自己往下滑吗？默默为自己加油，很快你就能摆脱那令人讨厌的恐惧感了。别看只是说一说，这就足以显示出你的勇敢了。干得漂亮！

如果大人丢下我离开了，怎么办？

这件事永远都不可能发生。如果大人要离开，他一定会告诉你，并且会请一个值得信任的人照顾你。如果你们在公共场所不小心走散，那么一定要站在原地，或者请工作人员帮忙。或者在出门前，聊一聊可能会遇到的情况，熟记父母的名字和他们的电话号码都能帮助你快速找到他们。请记住，不要轻易跟陌生人走。你的爸爸妈妈会很快找到你。如果找不到大人，你会怎么做？在滑梯那里等待，还是待在原地等着大人来找你？

如果陌生人让我跟他走，怎么办？

千万别去！永远不要跟陌生人走。大声喊“不！”，声音要洪亮，然后跑着去找你的家人，告诉他们刚才发生的事情。你可以对你的家人说任何事，无论坏事、尴尬的事、奇怪的事，或者你自己犯的错。相信他们会让情况好起来，帮你摆脱麻烦。你会因为和大人交谈了心事而得到一个大大的拥抱。

如果排队等待荡秋千让我很恼火，怎么办？

等待是一个人成长的必修课。等待时需要耐心——不要生气。耐心是一种能力，值得我们培养，正好在游乐场练一练吧。你可以主动询问是否很快就能轮到你了，说话时要有礼貌。如果你还是没得到机会，那就去别处找点儿乐子吧。等你终于荡上秋千了，我猜你也会理解在下面等待的那些小朋友的感受。你能让他们荡一会儿吗？

如果我得去医院，怎么办？

社区医生可以对大多数病症进行初步检查。有时候，社区医生会建议我们去大型的综合医院，那里医疗设备更多，同时会有更多的医护人员为我们诊治。医院的医护人员都是专业人士，比如有外科、内科或骨科专家等等。

多数人都去过医院，让你身边的大人给你讲讲他在医院的经历吧。医护人员经常给小朋友进行诊治，他们会理解你紧张的情绪。每个人都会对未知的事感到紧张。因此，可以让大人说一说去医院后需要做点儿什么，提前做好心理准备。

去大型医院和去社区医院差不多。首先，你要坐在候诊室里等待，要是你觉得这样很无聊的话，就带本书吧。进入诊室后，医生会询问你的身体状况。你可能需要接受一些检查，比如拍X光片，或者验血。不过不用担心，有护士引导你去不同的科室完成检查。这些检查是为了让你的身体保持健康。

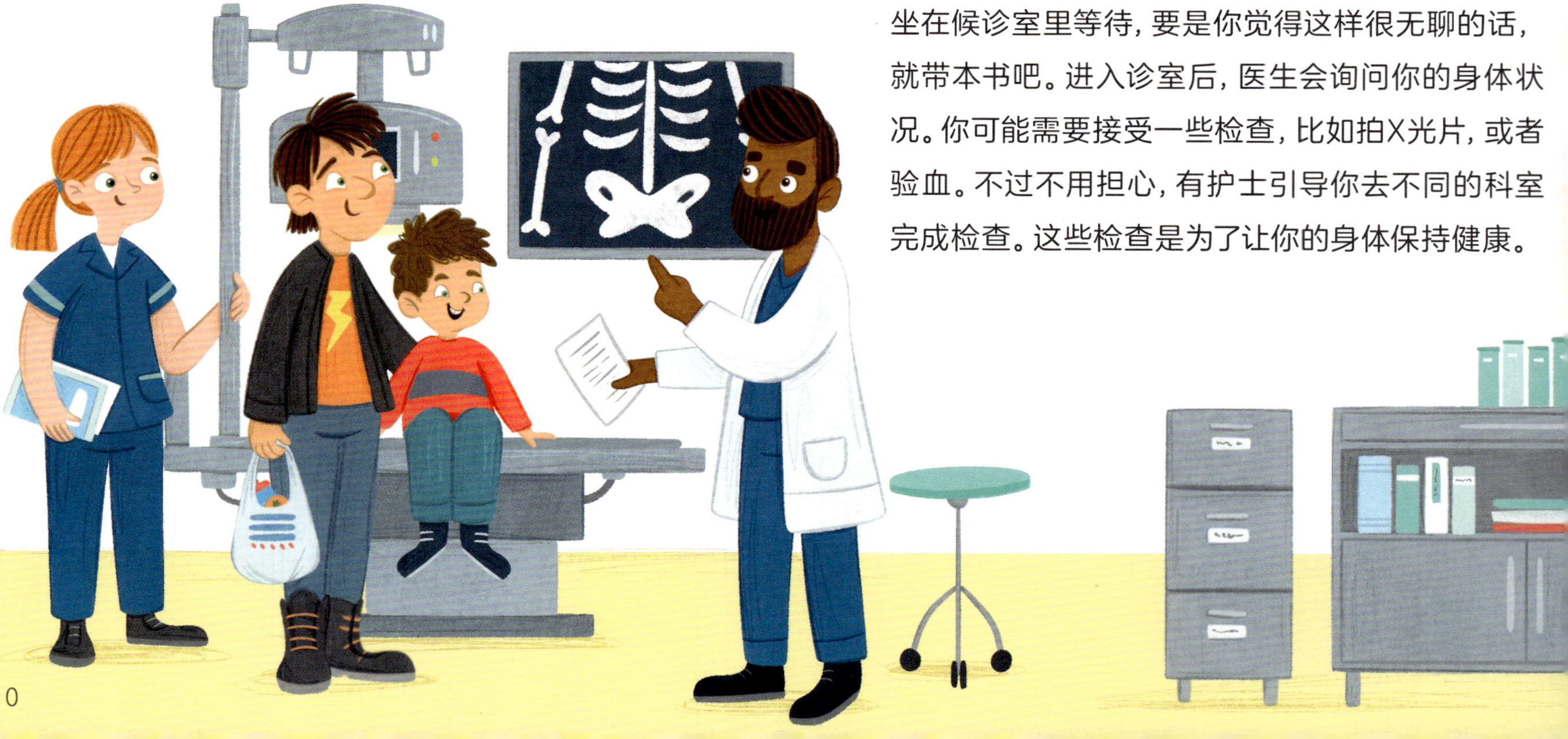

如果你得住院，医院有专门为病人提供的病床和食堂，很多医院还有游戏室和玩具呢！你的家人可以在你身边的小床上休息。你要睡在专门的病床上。你会把心爱的玩偶带来吗？别忘了泰迪熊！

等你出院的时候，你一定会对神奇的身体多几分了解。这下，你也有属于自己的故事啦，你能给身边的朋友讲讲吗？

如果朋友说我要和班上的同学结婚，怎么办？

那只是一个玩笑，你现在才不会结婚呢。结婚需要彼此相爱，这种感情与友情、亲情都不一样。等你长大了，你也许会和某个心爱的人结婚，也许不会。但你现在还不用去想这些，浪漫的事还是留给以后吧。

下次朋友还这样说，你可以不理会他，或者告诉他："我的事情由我来决定。"

如果有人打我，怎么办？

马上离开，去找你的家人或老师。如果你身体的哪个部位被打疼了，一定要尽快告诉他们。与其他粗暴的行为一样，挨打会让我们产生突如其来的强烈恐惧或愤怒。这些粗鲁的行为也会让我们感到难过或沮丧。请相信，大人们一定会帮你处理好这件事，所以请把你心中的感受和他们好好聊一聊。在伤害你的人对你说抱歉以后，不要想太多，照顾好自己，乐观积极地面对困难。

如果我在学校想拉大便，怎么办？

你很抗拒这件事吗？让我来猜一猜。是因为学校的厕所很臭吗？还是因为门关不严、厕纸像刺猬一样粗糙，或者时间不够用呢？还有其他原因吗？

我小时候也和你一样，学校的厕所在一条长长的走廊尽头，走在阴暗的楼道里简直令人毛骨悚然。后来我把这件事告诉了妈妈，她和老师沟通以后，就有同学陪我一起去了。谢谢妈妈！

我相信你更喜欢在家里拉大便，而不是在学校。在家里，没有人打扰你，厕纸也不会像刺猬一样粗糙。但你要倾听自己身体的声音，当它大喊“现在去排小便！”或“马上去拉大便！”时，你就乖乖听话吧，然后你会舒服很多的。相信我，试试看吧。

如果大人和我吻别，我很尴尬，怎么办？

如果你感到尴尬，其实是在担心别人对自己产生不好的印象。但我们不可能完全了解别人的真实想法，因此，我们应该浪费时间去在意这些吗？你的同学可能都没有注意到你身边的大人亲吻了你。也许那时他们身边的大人正在大声唱歌，或者像海象一样擤鼻涕，他们还尴尬不过来呢！

如果你对一件事感觉不错，那就去做。做得多了，你就会忘记尴尬的感觉。但如果你对某件事感到非常不适，比如当众吻别给你带来太多的烦恼，那就与你身边的大人做个约定，换成拥抱，或改在拐角处吻别，怎么样？

如果我不想练习写字，怎么办？

如果你平时多多练习写字，考试成绩会更好吗？取得高分的感觉怎么样？有时候，我们要为了获得内心的满足感而付出努力，一切由你来决定是否值得。为了欣赏美丽的风景，爬上一座高山值得吗？为了烘焙一个梦幻般的草莓蛋糕，等待一个小时值得吗？为了得到更高的分数，练习20分钟的拼写值得吗？想想看，你会为自己的努力感到自豪。所以，完成作业可能是最佳办法哟！

如果我在全班同学面前出错，怎么办？

如果出错了，那一定是遇到了难题，你还没有完全掌握。没关系，坚持学习，就能进步。在别人面前出错让你很难堪，你担心别人觉得你笨，是这样吗？

可是，当你看到别人出错时，你会觉得他笨吗？不，我不会。我认为他敢于尝试，所以他很勇敢。你能像他一样勇敢些吗？你能主动举手回答问题吗？多尝试几次，难题也会变容易。再去尝试一些有挑战性的难事，哪怕会出现一些荒谬的错误，但只有勇敢面对才能成功！

如果我的老师很难相处，怎么办？

你能说说你认为老师难相处的原因吗？一起聊聊老师生气是否合理。如果是因为你捉弄同学而被老师批评，你觉得这是难相处还是合理处罚呢？

即便是合理处罚，你也希望老师不要发脾气，对吗？不过，这并不意味着老师不喜欢你，只能说明他不喜欢你的行为。你要控制自己的行为——下次别再捉弄同学！

也许你觉得这并不公平，来听听我的故事吧。我以前的老师以为是我把课本撕烂了，可我并没有。被批评的时候，我既气愤又紧张。和我的老师一样，你的老师也会误解别人，也会犯错。有时候，他们可能是太疲惫了，所以脾气暴躁。这对你不公平，但你的老师不会一直这样。让难过的时光翻篇吧，想想那些能让你开心起来的事吧。

如果我要上台表演，怎么办？

你会紧张吗？这很正常。科学家说，紧张感能让我们注意力更集中，给自己信心，让我们表现得更好！也许你担心自己会出错。没关系，没有哪场演出是绝对完美的，只要继续演下去，观众可能都没注意到你的那点儿瑕疵。除了紧张和害怕出错，好好享受舞台吧，我想你一定会在演出过程中找

如果朋友告诉我一些事情，但我不确定真假，怎么办？

如果有人和你说，衣柜里有条喷火龙，你很容易猜出这话是真还是假。你还会拨打电话，请消防员叔叔来灭火吗？

如何判断一件事是真还是假呢？首先，要清晰、理性地思考。我猜你早就知道，在现实生活中龙并不存在，所以你的衣柜里不可能有龙。开动你的脑筋，相信自己的感觉。如果你感觉朋友只是用一个恐怖故事来故弄玄虚，那你的感觉是对的。有时候，你得忽略掉别人说的傻话，就当它是个玩笑吧！

如果我坐过站，怎么办？

真是糟透了，不过只要有大人在，你就不必担心。比如乘坐公交车或者地铁时，你身边的大人会提醒你什么时候下车，除非他们睡着了。喂，醒醒！

有些公交车上会设置“下车铃”按钮。一按铃，司机就知道有人要下车。你能在适当的时候按铃吗？即使错过了这一站也没关系，那就启用B计划吧！和你身边的大人讨论一下，是往回坐一站，还是多走一段路，趁机锻炼身体也是不错的选择。

如果要开运动会了，我很紧张，怎么办？

紧张说明什么呢？是因为想超过所有伙伴，赢得比赛吗？还是因为你并不喜欢在众目睽睽之下奔跑呢？也许你担心自己会跌倒，或者输给自己的同学？

紧张的原因多种多样，可能每个人的都是不一样的。有些人觉得上体育课和体育运动很轻松，还能让人兴奋。还有些人擅长唱歌、编程或写故事。但所有人都可以在运动会上尽情展示自己，找到乐趣。不要在乎输赢，没人可以一直赢。运动可以促进骨骼生长，保持身体健康。穿上跑鞋，拿起水瓶，你准备好了吗？

友情提示

听好指令
做好准备
放松心情
表现更佳

1. 尽力而为，不与别人做比较。

“快呀，这可是比赛呀！”我听见你在大声呐喊，“没有谁能比我们跑得快，比我们投得远，我们是冠军！”你说得没错，但你无法控制别人的表现。所以，专注于做最好的自己，即便你在比赛中得了最后一名，只要你不放弃锻炼，总有一天会成为全能冠军。

2. 成为优秀的团队成员。

如果你的同伴摔倒了，把他扶起来；如果你的同伴找不到起跑线，就引导他走过去；如果你的同伴输掉比赛了，那就给他一个大大的拥抱；如果你的同伴赢了比赛，那就和他击掌庆祝吧。就算他们比你更出色也无妨，如果你向团队里的其他成员展示出你们是一个互帮互助的出色团队，那么这种美好的感觉会慢慢扩散，每个人都将拥有美好的一天。

现在你准备好了吗？各就各位，预备，开始！

如果我担心地球毁灭，怎么办？

地球气候正在发生变化，全球气候在逐渐变暖，这种变化可能是人为原因造成的，比如发电站烧煤释放出的气体包裹住我们的地球，让地球长久地困在热气中。久而久之，我们的生态系统受到破坏，自然环境开始恶化，使得人和动物再也无法舒适、安全地生活在地球上，甚至会失去自己的家园。

因此，很多科学家正在努力挽救地球，开发"绿色"能源。你能做些什么吗？比如当你离开房间时，随手关灯可以省电，减少煤的燃烧，你能做到吗？

如果我不小心打碎杯子，怎么办？

保持冷静，别再走来走去了，以免玻璃碎渣割伤你。请大人来帮忙，他们不会责怪你的。每个人都会打碎东西，但你的诚实和自我保护意识会得到大人的表扬。

你知道这次意外是怎样发生的吗？你是想踮着脚尖从高高的架子上拿杯子吗？还是一边看书，一边喝水，没放稳杯子？如果我说对了，那下回你就知道该怎样做了。集中注意力，才能避免意外发生。

如果我总忘不掉电影里的坏人，怎么办？

生活中经常发生这样的情况：越是努力不去想恐怖或害怕的事情，它们就越是在脑海中翻滚。所以，干脆放弃想要遗忘恐惧的念头，去直面它、战胜它吧。首先，你能给身边的大人讲讲，你脑海中的那个愚蠢的坏人长什么样吗？它为什么那么吓人呢？

我每次被电影里的坏人吓得瑟瑟发抖时，就去研究恐惧是如何生成的。是怪物的怒吼声太吓人了吗？还是那个伸缩的大鱿鱼让你很不舒服？你能去了解一下扮演坏蛋的演员叫什么吗？事实能帮助我们扫清恐惧。你有面对恐惧的办法吗？

如果我担心我的家人会死掉，怎么办？

每个人都不得不面对死亡，亲人的离开让我们悲痛不已，但多数人都是在年老后自然死亡。人死后，我们就再也见不到他了，就算只是想一想所爱的人死去都是一件令人悲伤的事，即使死亡并没有真正发生。

如果你很担心亲人死亡，那说明你在关心他，心中充满了爱。当这种烦恼持续困扰你时，我想你应该和身边的大人谈谈这个问题了，这样可能会对你有帮助。和家人紧紧地拥抱吧，试着把令你悲伤的想法告诉他。你也可以和大人深入探讨有关死亡的问题，科学的解释能帮你消除疑虑。

谁都无法预知未来，无论好坏，别总为未来的事情担忧，一切都没有发生呢。你能想一些好玩的事吗？未来会发生哪些开心的事呢？

如果家人请了保姆来照顾我，怎么办？

大人们去上班了，他们请了保姆来照顾你，你会紧张吗？你会想念大人，担心他们吗？我能理解你的感受。不过，他们一切都好，很快就回来了。和妈妈约定，回来的时候给你一个亲亲，就算你睡着了也要！

你担心保姆不能照顾好你吗？你可以跟她分享一些你觉得重要的东西，比如你的泰迪熊、你喜欢的故事书和饼干。保姆可能会有自己的习惯，不会事事都和你的家人做的一样，但你们之间会发生一些新鲜的、好玩的事。她可能会陪你用积木搭一座摩天大楼，也可能会给你讲故事。不用担心，慢慢地，你们就会熟悉，成为朋友。

如果发洪水，怎么办？

你可以问问身边的大人，你生活的地区会发生洪水吗？气候状况如何？洪水通常发生在持续的降雨天气后，河流中的水溢出，附近的居民被迫搬离！但这样的情况不常发生。

如果你能再多了解一些自然界的其他自然现象，你会发现，山林野火、地震、台风，都可能在你生活的地方出现过。科学家会预测出这些自然灾害将在何时发生，这样一来，大人们就可以做好准备，保证你的安全。你会有足够的时间转移到安全的地方，等到这里恢复平静后再回来。

如果没人陪我玩，怎么办？

你是怕寂寞还是怕无聊？我们要学会适应家人和朋友不在身边的时光。独处有时也会妙不可言，你可以安静地看一本书，可以做朋友通常不愿做的事情，比如用家里的餐具演奏一首打击乐。你独自一人的时候，会做什么？

在热闹的海滩或游乐场，问问其他小朋友，你是否可以和他一起玩。如果遭到拒绝，你就自己找点儿乐子吧。你能想到什么有趣的游戏呢？

如果我被大人误会了，怎么办？

我想知道大人为什么责怪你。是他搞错了吗？墙上的紫色手印不是你的，但他错怪了你，对吗？大人有时也会犯错，你的家人也不例外。

尽你所能把事实讲出来。你无法确认大人一定会相信你，但你知道自己表现得很好，这就足够了。如果你不能理解大人为什么要批评你，那就请他们告诉你原因吧，也许下次你会做得更好。

如果我不想睡觉，怎么办？

当你听到妈妈大喊“该睡觉了”时，你为什么没有高兴得跳起来呢？是你在忙着完成作业，还是房间太暗了？或许你只是不想一个人睡觉，或者只是懒得去刷牙。其实大人们不太了解你不想睡觉的真实原因。所以，和大人谈一谈，想些办法减少你对睡觉的担心。

担心的情绪变弱后，睡觉这件事就会轻松很多。想想看，让身心得到休息是多么重要的一件事。你的泰迪熊正在床上等着你呢，赶快给它一个抱抱吧，裹上蓬松柔软的棉被，再让爸爸给你讲个冒险故事，你一定会做个好梦。现在，你爱上你的床了吗？我希望如此。做个好梦！

献给马克斯。

——汉娜·威尔逊

图书在版编目（CIP）数据

小孩也会有烦恼 ： 儿童心理健康成长指南 / （英）汉娜•威尔逊文 ； （英） 萨玛拉•哈迪图 ； 漆仰平译. 福州 ： 福建少年儿童出版社， 2024. 7. -- ISBN 978-7-5395-8704-2

Ⅰ. G444-62

中国国家版本馆CIP数据核字第2024K4H550号

XIAOHAI YE HUI YOU FANNAO ERTONG XINLI JIANKANG CHENGZHANG ZHINAN
小孩也会有烦恼：儿童心理健康成长指南

著　　者：[英] 汉娜·威尔逊　文　[英] 萨玛拉·哈迪　图　漆仰平　译
出 版 人：陈远
出版发行：福建少年儿童出版社
社　　址：福州市东水路76号17层（邮编：350001）
选题策划：洛克博克
责任编辑：邓涛
美术设计：耿园园
电　　话：010-53606116（发行部）
印　　刷：北京华联印刷有限公司
开　　本：787毫米×1092毫米　1/12
印　　张：10⅔
版　　次：2024年7月第1版
印　　次：2024年7月第1次印刷
ISBN 978-7-5395-8704-2
定　　价：100.00元（全4册）

儿童心理健康成长指南 ②

[英]汉娜·威尔逊　文　[英]萨玛拉·哈迪　图　漆仰平　译

小孩也会有烦恼

海峡出版发行集团 THE STRAITS PUBLISHING & DISTRIBUTING GROUP | 福建少年儿童出版社 FUJIAN CHILDREN'S PUBLISHING HOUSE

目　录

前　言

担心是在某种特定情况下产生的一种不舒服的感觉，可能是对雷雨天气感到恐惧，也可能是在医院就诊时感到紧张。人人都有担心的事，大大小小、各种各样。你可能觉得有些担心挺愚蠢，其实不然。担心是很有必要的，它会阻止我们去做一些事情。

担心是我们日常生活中的一部分，我们不可能完全摆脱它，但可以不被它所左右。面对担心，最好的处理办法是与你信任的成年人交流、沟通，在这本书里我称之为“你身边的大人”。他们可能是你的爸爸、妈妈，或者其他照顾你的人。你可以向他们倾诉所有的事情。把担心的事情描述出来并不容易，不过你一旦说出自己的感受，就会得到大人的赞许和温暖的拥抱，这种体验美妙无比。聊聊让你难熬的那些问题吧，别让担心影响快乐！

如果我太无聊了，怎么办？

人人都有无聊的时候。电视节目和小伙伴不可能随时陪着你，你的家人也不会每天都带你去公园。所以，你必须学会独自面对无聊的时刻。惊人的想象力能帮你消磨无聊的时光。来，看看四周。你能找到一个玩偶吗？把它的样子画下来，和它跳段舞，给它讲个故事或者为它搭个小房子……坚持下去。我真不该给你支招，你一定有更妙的想法，对吗？我知道你行的。

如果车门夹到我了，怎么办？

大多数地铁（和公交车）的自动门在遇到障碍后都能重新打开，就像电梯门那样。但如果门没有重新打开，你身边的大人会把你拉出来，或者按下紧急按钮。

要紧跟在大人的身边。车门会在关闭前给乘客留出充足的时间，大人知道该在什么时候上、下车。祝你旅途愉快！

如果有人骂我，怎么办?

你很想叫他“臭狗屎”，对吗? 但这样一来，你也就成了和他一样粗鲁的小孩。以不友好的方式报复对方真的有用吗? 你可以直接对他说：“请不要对我没礼貌。”如果他继续表现得很粗鲁，你就走开，努力忽略他。下次，你可以试试这个办法。

如果我把外套弄破或弄丢了，怎么办?

当大人问“你又把外套落在学校了吗?”时，他其实正在考虑怎样才能把你的外套找回来，或者正在盘算着给你买一件新的。当他大喊“别再去钻那片带刺的灌木丛!”时，他其实是拿不准能不能把你划破的衣服缝好。

大人总是在考虑后果。他们知道麻烦要来了! 不过，你要学着做大人的小帮手，看好自己的东西，别总是惹祸哟。

如果蜘蛛爬到我的头顶，怎么办？

太棒了！这是观察爬虫的好机会。给蜘蛛起个名字，比如就叫蛛蛛吧。蛛蛛不可能像一只毛茸茸的小猫咪那么可爱，不过它也想过自己的生活，不想被你这样的巨人压扁。它在角落里织网，可以网住很多小虫子，比如飞蛾、蚊子等。蛛蛛最擅长的，是吃掉臭烘烘的苍蝇。谢谢你，蛛蛛！

如果我擅自吃了饼干，怎么办？

大人可能会有一点儿生气，也许是因为马上要吃晚饭了，或者你吃的甜食已经够多了，又或者那块饼干是爷爷刚刚从商店买回来配茶吃的！下一次，如果你肚子饿了想吃饼干，可以直接跟大人说，他们会同意的。

如果我气得踢了别人，怎么办？

想象一下： 如果我们每次生气时都踢对方，那会是什么情景？你愿意被别人踢一脚吗？不愿意。我也不愿意！冷静下来，想想自己冲动的原因。你觉得被你踢的那个人有什么感受？你的行为是友善的吗？

让我们想想怎样做才能得到对方的原谅。说声对不起？问问对方是否还好？当你下次感到愤怒时，找一个安静的地方，倒数十下。学会控制愤怒是成长过程中很重要的一部分，这种情绪很难消失，但我们确实需要朝着那个目标努力。

如果我被霸凌了，怎么办？

如果有人持续不断地（几个星期，甚至几个月）欺负另一个人，那就是霸凌。有些霸凌是通过言语来恐吓别人，比如骂人；有些是通过肢体动作来对他人造成伤害，比如打人。有人霸凌你吗？如果遇到霸凌，请一定告诉老师和家里的大人发生了什么，并说出你的感受。

如果遇到霸凌行为，你可以直接走开或大声说：“这可不好，我不听！”如果你依然被霸凌者伤害，那么一定要在第一时间找到老师或家长，说明情况。不要怕，要坚定自己的信心，只要霸凌者发现他们无法威胁到你，你并没有那么好欺负，他们就会放弃。你还能想到其他方案吗？你能很勇敢地谈论霸凌，证明你是个英雄！真棒！

被霸凌绝不是你的错。

如果老师冤枉我，怎么办？

老师认为是你把颜料洒在了她的长筒靴上，但事实上你没有。这多不公平！谁遇到这样的事都会沮丧。你可以做个深呼吸，然后去向老师解释。老师是否相信你，是你无法控制的。如果你平常就是个诚实的孩子，那这次老师相信你的可能性就比较大。

如果老师仍然不相信你，那就接受这个事实吧，毕竟老师也会犯错误。你应该为自己的坦诚感到自豪。试着忘记这件事吧，和郁闷挥手告别，然后对自己说："没关系，就把误会留在这儿吧。"你会说些什么呢？

如果我心里七上八下，怎么办？

你的心脏并不会真的七上八下。上台演出前的紧张感、要聚会的兴奋感，都会让你有这种感觉。这是为什么呢？因为你的心脏在快速跳动时，会把血液从你的胃里抽走，人在此时就会感到不安，甚至恶心。血液被输送到全身，为手臂和腿部肌肉提供更多的能量。所以说，七上八下的感觉是正常的，是身体在帮你应对眼下的紧张情况！

如果我在演出时忘记动作，怎么办？

接着演下去！观众可能根本察觉不到。即使他们发现你的动作和别人的不一样，你接下来的努力也会给大家留下美好的印象。你是超级巨星！哦，我差点儿忘了提另一位明星——你的老师。老师会帮你解决任何棘手的问题，比如为你举提词板或告诉你该怎么做。

如果我必须坐在陌生人旁边，怎么办？

有陌生人坐在你旁边会让你感到不舒服吗？是担心陌生人伤害你吗？还是说，你只是不想和陌生人说话？大多数人都是好人，并不会给别人造成威胁和伤害。所以，如果你和家人在一起，即使你坐在陌生人的身边或和他说话，也没有危险。

当你想冷静下来的时候，试试这个办法：

1. 吸气3秒钟。

2. 屏住呼吸3秒钟。

3. 呼气3秒钟。

如果我身上长了一个奇怪的鼓包，怎么办？

身体表面起起伏伏，富有弹性的肌肉和柔软的脂肪包裹着凹凸不平的骨头。因此，不必大惊小怪！如果你发现鼓包出现红肿或者轻微疼痛，也没有什么大问题，这并不意味你会生病。但要让大人帮你判断一下，是否需要涂药或去医院就诊。

和你的家人说一说你身体的感觉。这是了解身体的好办法！

如果我生病了，得去看医生，怎么办？

当我们的身体出现问题，最好的方法是去医院做检查！医生可以帮你处理身体出现的疼痛、溃疡、肿块、皮疹等问题。他们甚至了解你的感觉，厉害吧！

医生每天都会给像你这样的小朋友做检查。你要相信医生，他们知道怎样既快速又舒适地完成检查。不过医生会先询问你的身体状况，这样能帮他们更好地做出判断。

如果你近期正在咳嗽，医生会把听诊器贴在你的胸部或背部，同时让你均匀地吸气和呼气，这样就能诊断出你的肺部情况。如果是你的耳朵疼，医生会通过耳镜查看你的耳道。耳镜是一种能发光的特殊放大镜。

好消息！

小朋友比大人康复得快！

最后，医生会给你一些建议，可能只是多饮水和休息，或者服用一些药物。无论医生的建议是什么，都有助于你的康复。现在你准备好了吗？如果仍然很担心，就和你身边的大人说一说吧。

如果老师因为我没做作业而生气，怎么办？

向老师说明情况，也许你只是不小心忘记了，或者身体不舒服；也许你花了一下午的时间帮邻居把挂在树上的小猫弄下来，所以没有完成作业！如果老师看起来依然很生气，这可能不完全是因为你。想想看，他要管理全班同学，早就筋疲力尽了。

偶尔，人在忙碌、疲惫的时候也会发脾气，说一些无心的话。只要你勇敢向老师坦白，并保证会好好完成作业，老师仍然会喜欢你。想一想：你完成作业后感觉如何？会为自己感到骄傲吗？或者觉得自己像个超级英雄？这种感觉值得你为之努力吗？

如果我觉得脸红了，怎么办？

脸红很常见，也很正常。我们感到害羞、尴尬或生气时，常常会脸红。高涨的情绪会使更多的血液流向脸颊，让你的脸又红又热。

多数人都会脸红，这没什么大不了的。脸红总是来得很突然，我们根本无法控制，就像出汗或起鸡皮疙瘩一样。这种感觉会在一两分钟后自动消失，但如果你分散注意力，它可能会消失得更快。

如果我不想一个人待着，怎么办？

让我猜猜。你一直在房间里专注地画画，抬头一看，所有人都不见了！不过，大人绝不会把你一个人留在家里的。他们可能正在厨房做午饭，或在厕所里做卫生，也可能下楼扔垃圾去了。

因为大人有很多事情要忙，所以不能一直陪在你身边。你可以和他们做个约定，先自己待一会儿，趁机再制造个惊喜，比如画一张超人大战沙发怪的画，等会儿就能展示给你的家人啦！

如果我不想独自去朋友家，怎么办？

没有家人陪伴在身边，你的情绪不太稳定很正常。你可以向你身边的大人说出你的担心，也许他们可以先去和你朋友的家人说说看，让你感觉好一些。比如，如果你怕朋友家的宠物狗，说不定他们可以让狗狗先在花园里玩一会儿。

你也可以主动熟悉你朋友的家。你们可以玩玩捉迷藏，或者来个家中游览。主要“景点”包括：卫生间、厨房和你朋友的卧室。下次记得邀请朋友来你家玩啊！

如果电影院太吵、太黑、有点儿吓人，怎么办？

电影院需要把音量调大，才能让观众听清剧中的台词和音乐。不然，你只能听到第三排的女士在大嚼爆米花（嘘！）。放映厅还要把灯光调暗，这样你才能看清电影画面。现在，你已经知道电影院又吵又黑的原因了，这下，没那么可怕了吧！当你沉浸在精彩的剧情中时，你就会慢慢忽略掉周围的环境。

你是不是觉得有些电影很恐怖？反正我是被吓坏了。都赖影片里那些怪物和坏蛋！但如果我们知道自己是安全的，恐惧也能转变为乐趣。电影里的怪物和坏蛋都不是真实存在的，所以去电影院没有危险。你能想出既恐怖又好笑的事吗？如果一个朋友跳出来大喊“哎呀”，你会有什么感觉？勇敢一点儿，再去看一次电影，慢慢你就会习惯电影院里的声音和光线，甚至会觉得有一点儿好玩呢！

如果我的大便不通畅，怎么办？

便便并不是真的卡住了，它很快就会出来。别使劲了，过会儿再试试吧。平时要多喝水，多吃水果和蔬菜，这样你的便便就会更加柔软，也更容易被排泄出来。和你身边的大人说说你对便便的担心。没有什么好尴尬的，因为我相信你已经知道，每个人都要排便便。

如果我把马桶弄堵了，怎么办？

是不是用了太多的卫生纸？有可能是因为水流冲不下去才堵住的。不要一直冲水——马桶里的水满了就会溢出来。向你身边的大人求助吧，他们一定会帮助你的。疏通厕所是大人的事，赶快找他们就对了。我们都会遇到困难，有时也会犯错，或许只是运气不好，寻求帮助才能帮我们摆脱这些烦心事。

如果洗发水进我的眼睛了，怎么办？

洗发水会让你感觉眼睛不舒服。用软布轻轻擦拭，然后闭上眼睛缓解一下，很快你就会好起来。保持头发和头皮的清洁很重要。来做个科学家，试试各种洗头方法吧。

站在淋浴房里，把头微微向后仰，让水流冲洗你的头部。闭上眼睛，你现在感觉如何呢？或者坐在浴缸里，头向后仰，请身边的家人帮忙，用温水冲洗你的头发。或者像海獭一样平躺在浴缸里，耳朵枕在水面上，多么舒服啊！

如果老师说我不太聪明，怎么办？

如果你尽力了，你的老师一定会把你的努力看在眼里。犯错误并不代表你不聪明。人人都会犯错，包括你的老师在内。所以，如果你又忘记某个数学公式，写错“香蕉”两个字，或者把四条腿的斑马画成五条腿的时候，不要慌，继续努力就好了。如果你放弃了，你就永远不会在数学、语文或画画上取得进步。我们从错误中汲取经验，去思考下次该怎么做。聪明的孩子永远不会停止努力！

如果在商店里，大人把我弄丢了，怎么办？

大人知道要照看好你，所以这种事不太可能发生。不过你要确保自己能跟紧大人，记住大人嘱咐你的话——外出后有哪些事不能做。

在去一家新的商店前，提前设想一下如果你走丢了该怎么办。你会待在原地等待吗？或者和大人约定在收银台见面？现在，和你身边的大人一起找找看，那些穿着制服的工作人员都在哪里。他们能为你提供帮助吗？

如果我看不清黑板上的字，怎么办？

告诉老师和你的家人。你可能需要让验光师帮你做个视力测试，看你能否准确地说出图表上的图片或字母。验光师会根据你的情况给你一些建议，配戴眼镜能让你看得更清楚。眼镜有各种漂亮的形状和颜色，选一个你喜欢的吧！过一段时间后，你就会适应戴眼镜的感觉。最重要的是，你以后就能看得又远又清楚——就像一个戴望远镜的超级英雄！

如果我担心在火灾中受伤，怎么办？

一想到建筑物着火，人人都会害怕。这种担心有多强烈呢？如果有十分，你打几分？首先，你要了解一些关于火灾的真实情况：

1. 火灾并不经常发生。
2. 大多数建筑物安装了烟雾报警器，或其他设备。
3. 发生火灾时，大人会保证你的安全。
4. 相信自己，你没那么倒霉。

现在你给担心打几分？这些事实能否减轻你的心理负担呢？和你身边的大人聊聊这件可怕的事情，他们可以消除你的恐惧。

如果我不擅长运动，怎么办？

希望你能做到以下三点：

1. 尽你所能，做到最好。运动并不一定是为了成为全场最佳运动员，关键在于培养拼搏精神。运动并非轻而易举，而是一项挑战。你如果坚持下去，不轻言放弃，就会越来越棒。即使你没有进球，没有入选球队，也没有赢得奖牌，你仍然是一个超级巨星！

2. 每个人擅长的事情不一样。不可能人人都是运动健将，我们也可以在其他领域好好表现，比如画画、阅读、烘焙或科学。你擅长什么呢？

3. 享受运动带来的快乐！试试各种运动，比如踢足球或者打篮球。如果你不喜欢球类运动，那跳舞、射箭或游泳怎么样？运动时，你可以和朋友们一起跑来跑去，尽情地挥洒汗水，开怀大笑；还能塑造身材，保持健康。这样想，你就永远不会“不擅长”体育运动啦。

如果同学们说我胖，怎么办？

他们是故意的吗？把他们伤害你的话讲给你的父母听，再告诉他们你的感受。你知道吗？人类的外表有很大差异：我们可以有黑色、蓝色或棕色的眼睛，深色或浅色的皮肤，黑色的直发或金色的卷发；我们或高或矮，或胖或瘦。这些都是我们无法选择的，因为我们生来如此。

相对于外表，内心健康、善良才是最重要的。你是一个友善的人吗？你平时喜欢讲笑话吗？你总是有奇思妙想吗？所以需要改变想法的是你的同学们，他们应该让自己变得更加友善。你要相信，现在的你已经很健康、漂亮了。去享受温暖的海浪、听听音乐、打打网球、唱歌、大笑，或者看星星……别去理会那些傲慢无礼的同学，继续做你自己。

如果我床下有个怪物，怎么办？

当你独自一人置身于黑暗中时，你的想象力会掌控一切。你可能会不由自主地联想到怪物。对于这种担心，你有什么解决办法吗？看看你的床下（我敢打赌，可能出现的就是那块吃了一半的发霉的饼干），再看看橱柜和抽屉。真的是这样吗？

下面是一些事实，来看看是谁在掌控你的想象力吧。例如：

1. 怪物并不存在，所以不可能躲在床下或家里其他地方。

2. 床下也许只有一块发霉的饼干、两只袜子和一大团灰。

3. 墙上那令人毛骨悚然的黑影很可能是盆栽的影子！

如果我一直想象着可怕的东西，怎么办？

人类的想象力永无止境。大多数时候，想象力会给我们带来乐趣，这是好事。但如果总去想一些不真实的东西，让自己担惊受怕，那就要采取行动了。比如，强制自己聪明的大脑区分事实与虚幻，你的家人可以帮上忙。然后来想象点儿好玩的事情吧——比如三只巧克力兔子在床上蹦蹦跳，这真是个甜美的巧克力梦啊！